故宫博物

漫话国宝

杜 莹◎编著　　朝画夕食◎绘

四川少年儿童出版社

图书在版编目（CIP）数据

故宫博物院 / 杜莹编著 ；朝画夕食绘. —— 成都：
四川少年儿童出版社，2019.4
（漫话国宝）
ISBN 978-7-5365-8274-3

Ⅰ．①故… Ⅱ．①杜… ②朝… Ⅲ．①故宫－文物－
少儿读物 Ⅳ．①K87-49

中国版本图书馆CIP数据核字(2019)第046784号

出 版 人：常　青
项目统筹：高海潮
编　　著：杜　莹
责任编辑：周翊安
封面设计：汪丽华　　　陈　雯
插画设计：夏琳娜　　　陈　雯
美术编辑：徐小如
责任印制：袁学团

MANHUA GUOBAO GUGONG BOWUYUAN

书　　名：漫话国宝 故宫博物院
出　　版：四川少年儿童出版社
地　　址：成都市槐树街2号
网　　址：http://www.sccph.com.cn
网　　店：http://scsnetcbs.tmall.com
经　　销：新华书店
印　　刷：四川玖艺呈现印刷有限公司
成品尺寸：240mm×170mm
开　　本：16
印　　张：8
字　　数：160千
版　　次：2019年5月第1版
印　　次：2019年5月第1次印刷
书　　号：ISBN 978-7-5365-8274-3
定　　价：30.00元

若发现印装质量问题，请及时与发行部联系调换。
地　　址：成都市槐树街2号四川出版大厦六楼四川少年儿童出版社发行部
邮　　编：610031　　咨询电话：028-86259237　028-86259232

目录

MULU

　　故宫博物院是在明、清两代皇宫（紫禁城）
及其收藏的基础上建立起来的综合性博物院。
故宫博物院不但藏有180万余件（套）的各类
珍品，而且它本身的建筑就是世界上现存规模
最大、保存最为完整的木质结构古建筑群。可
以毫不夸张地说，这里就是人类艺术的宝库。

第一站

tóng	liú	jīn
铜	鎏	金

jí	xiáng	gāng
吉	祥	缸

个人档案

姓　　名：铜鎏金吉祥缸

年　　龄：200 多岁

血　　型：铜金混合型

职　　业：水缸

出生日期：清朝

出　生　地：紫禁城

现居住地：故宫博物院

故宫博物院 20190001

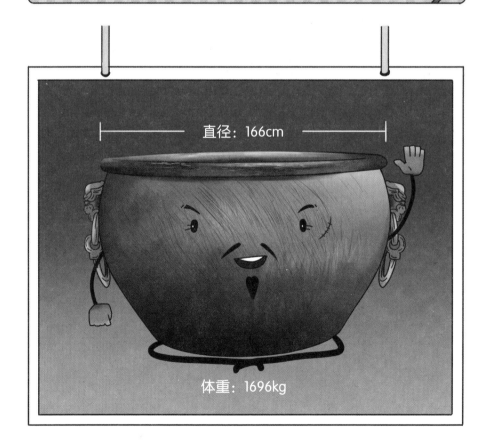

直径：166cm

体重：1696kg

视线

小雨

一走进故宫，我的眼睛就离不开这些大水缸了，尤其是这位周身闪着金光的水缸大爷，看着特别神气和威风。虽然他的个子比我矮一些，但是肚子好大呀，我和王大力一起手拉手，都还差好大一截才能围住他呢。

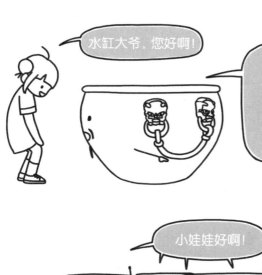

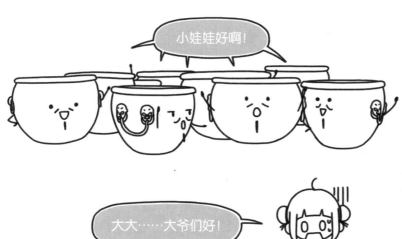

这紫禁城里到底有多少口大缸啊?

紫禁城曾经有大缸 308 口,但是时移世易,到现在大概只剩下 100 多口了。

青铜缸

紫禁城的大缸分成三类：

铜鎏金吉祥缸、"烧古"青铜缸和铁铸大缸。

铜鎏金吉祥缸现在有18口，最为贵重，主要摆放在太和殿、保和殿、乾清门两侧。

而后宫东西长街上摆放的就是较小的铁缸或者青铜缸了。

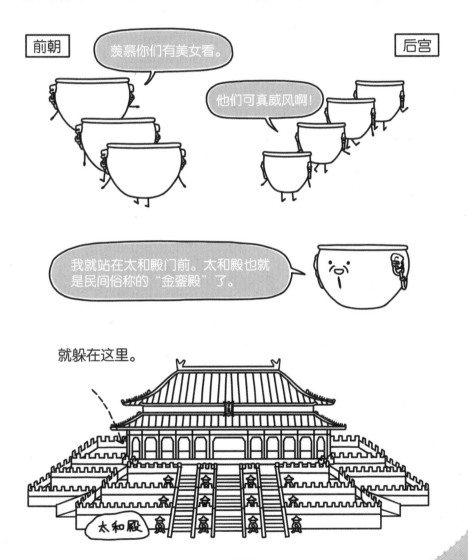

前朝　　　羡慕你们有美女看。

他们可真威风啊！

后宫

我就站在太和殿门前。太和殿也就是民间俗称的"金銮殿"了。

就躲在这里。

太和殿

皇帝们都会在太和殿举行**盛大典礼**，比如皇帝登基即位、皇帝大婚、册立皇后、命将出征等，还有每年的**重要节日**，比如万寿节、元旦、冬至，皇帝会在太和殿接受文武官员的朝贺，并向王公大臣赐宴。

重要的事情都交给你了！

金銮殿上铺的可都是"金砖"哦！

哇！皇帝也太有钱了吧，竟然用金子铺地。

我来挖挖看！

不不，虽然名字叫"金砖"，但这砖却不是用黄金打造的，只是因为制造的价格**昂贵**，才被称为"金砖"。这种砖是专门在苏州制造的，颜色是淡黑色的，看着格外油润、光亮。

低调奢华有内涵，说的就是我！

太和殿两侧的四口鎏金大铜缸被戏称为"四大金刚"，每口都能装三吨水呢！

四 大 金 刚

这么大的水缸，又装这么多水，到底是用来干吗的呢？

洗澡？

洗衣服？

烧饭？

玩耍？

胆大包天，竟敢在金銮殿前瞎胡闹。

放我们出去吧！

那这些大水缸到底是用来干什么的呢？

原来这些大水缸是用来储水防火的。

我们准备好了！

紫禁城消防队

紫禁城的房子都是砖木结构，最怕火灾，如果不能马上浇水扑救，火势会迅速蔓延，这座价值连城的珍贵建筑就岌岌可危了。

我太容易着火了，一定要好好保护我！

所以紫禁城的建造者们对消防工程非常重视，才会在宫殿前放置这些大缸，称为"门海"。

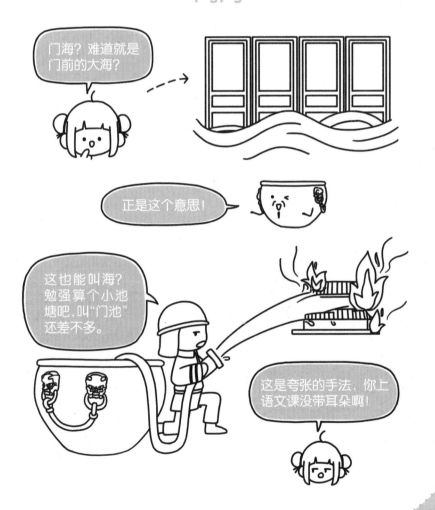

门海？难道就是门前的大海？

正是这个意思！

这也能叫海？勉强算个小池塘吧，叫"门池"还差不多。

这是夸张的手法，你上语文课没带耳朵啊！

宫里失火不叫"着火"，为了避讳，称为"**走水**"。一旦"走水"，太监、宫女们就以最快的速度从就近的大缸里取水灭火。

走水啦！

可是北京的冬天很冷啊，缸里的水会结冰的吧，那可怎么办呢？

来来来，火先生我们来谈一谈，您要发威就麻烦您夏天的时候发威，冬天怪冷的，您老也歇歇！

我也控制不住自己内心的小宇宙。

不用担心，一切都妥妥的。👍

　　每年到了小雪时节，宫内的太监就会给这些大缸穿上厚厚的棉衣；给他们戴上厚厚的帽子——缸盖；大水缸下面的石座里还会加一盆炭火，炭火昼夜不息地燃烧着，你瞧这些大缸，还能享受烤火的待遇呢！所以大缸里的水绝对不会结冰。

命可真好啊！

美滋滋

　　保暖工作一直要到第二年的惊蛰时节才能结束，那时气候已经逐渐转暖，大地回春，太监们就会给大缸脱去棉衣，摘去"帽子"，撤去炭火。

我的春天又回来啦！

这么大的缸,做一个要花好多钱吧?

的确,尤其我们鎏金的铜缸更是造价不菲。

根据清代乾隆年间内务府的记载,直径 1.66 米的大铜缸,大概重 1696 公斤,造这么一个大铜缸大约要花费 500 多两白银呢!再加上铜缸上的 100 两黄金,铸造费共计至少白银 1500 两。

我大概 30 公斤。

我大概 40 公斤。

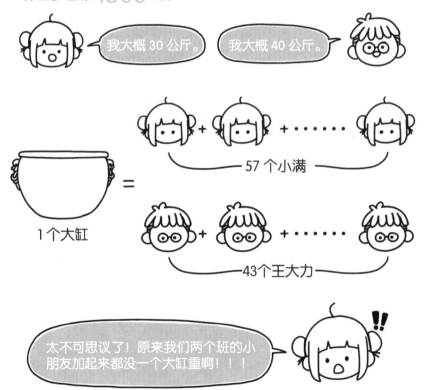

1 个大缸

57 个小满

43个王大力

太不可思议了!原来我们两个班的小朋友加起来都没一个大缸重啊!!!

您身上怎么伤痕累累的，看着也不像是风吹雨打造成的呀？

这些伤痕的确不是自然风化所造成的，说起来得回到 100 多年前，回到那段屈辱痛心的岁月。

1900 年，八国联军用炮弹炸开了中国的大门，他们攻占北京城，并疯狂地在紫禁城中大肆**掠夺**，价值连城的宝物被一扫而空。

耶！都是我们的啦！

太狠了吧！我就一装水的啊！

抢红了眼的列强们甚至连这些金色大缸也不放过，既然搬不走，那就用刀把表面的**镀金**刮下来带走吧！所以，这些鎏金铜缸身上就留下了这一道道触目惊心的刀痕。

小小博士

　　紫禁城里的大缸都是明清两代铸造的，虽然大缸的样式、风格各不相同，但是缸的作用都是一样的。

　　明朝的大缸主要是用铁或者青铜制成的，鎏金铜缸很少；大缸两边的耳朵上会加上铁环。清代很多都是鎏金大铜缸，或者"烧古"青铜缸。明朝的大缸样式上宽下窄，古朴大方；清朝大缸的制作则更为精良，显得尊贵无比，两侧耳朵上装饰的是兽面铜环。缸的式样上，清朝也有别于明朝，清朝的缸口收得小一些，但肚子特别大。

哈哈剧场

之「着火了」

文物日志

星期 _____

☀ ☁ 🌧 ❄

第二站

zhèng　dà　guāng　míng　biǎn

正　大　光　明　匾

个人档案

姓　　名：正大光明匾

年　　龄：200 多岁

血　　型：木型

职　　业：匾额

出生日期：清朝

出　生　地：紫禁城

现居住地：故宫博物院

星期日

在故宫里有位特别重要的牌匾先生，他整日都悬挂在高高的大殿上。据说，他身上还藏着关系到清朝皇位继承的大秘密。可是故宫有这么多坐宫殿，他会在哪个大殿里呢？

到底是皇帝的家啊，果真是金碧辉煌！

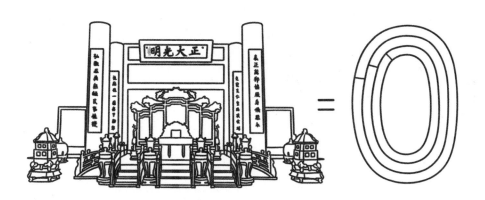

哎哟，这儿是皇帝的客厅吗？也太大了吧！跟学校大礼堂似的，这走一圈感觉是去操场跑了个四百米。

啧啧啧，这龙椅金光闪闪的，不会真的是金子做的吧？！

喂，小孩，你在干吗？

谁在叫我！

是我，在你头顶呢！

你是……明光大正匾？

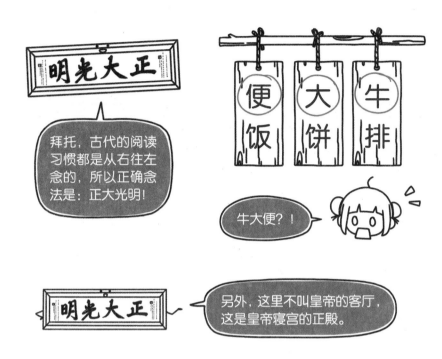

拜托，古代的阅读习惯都是从右往左念的，所以正确念法是：正大光明！

牛大便？！

明光大正

另外，这里不叫皇帝的客厅，这是皇帝寝宫的正殿。

乾清宫是皇帝的寝宫，明朝的十四个皇帝和清朝的顺治、康熙两个皇帝都在这里**居住**。平日里，他们还在这儿批阅奏折、接见大臣和处理日常政务。

后来，康熙皇帝的儿子雍正皇帝将寝宫搬到了养心殿，不过他还是经常会到乾清宫来批阅奏折、处理政务的。

正大光明匾就挂在乾清宫的正殿内。

乾清宫可是**内廷后三宫**中的第一座宫殿。

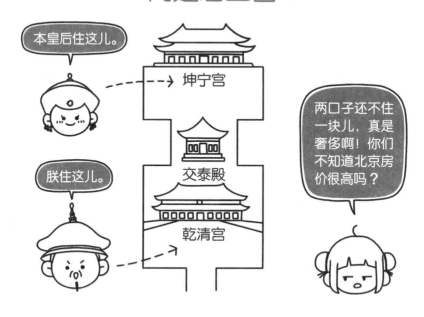

本皇后住这儿。

坤宁宫

两口子还不住一块儿，真是奢侈啊！你们不知道北京房价很高吗？

朕住这儿。

交泰殿

乾清宫

内廷后三宫在**前朝三大殿**的后面。还记得前面讲过的铜鎏金吉祥缸大爷吗？他就待在前朝三大殿的太和殿侧面。

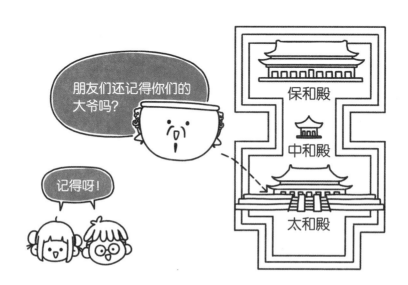

朋友们还记得你们的大爷吗？

记得呀！

保和殿

中和殿

太和殿

"正大光明"四个大字是皇帝自己写的吧?

谁敢在朕的头上写字?

这四个字最早是出自顺治皇帝之手,意思是帝王走上承前启后的**光明正道。**

没错,我就是电视剧里常说的那个爱董鄂妃爱得死去活来的大情圣!

顺治帝是清朝的第三位皇帝,也是清兵入关后的首位皇帝,他的妈妈就是非常著名的孝庄文皇后博尔济吉特氏。

毫不谦虚地说,我的粉丝基础还是非常好的,这都拜你们的影视业所赐。

怎么看着有点面熟?

顺治皇帝的儿子康熙皇帝**依样画葫芦**，描字刻石，将摹拓的他爸的字迹高高地挂在乾清宫的正殿上。

"正大光明"四个大字的原迹就藏在故宫的御书处。

后来康熙皇帝的孙子乾隆皇帝又摹拓了一遍。

学人精！

等到乾隆的儿子嘉庆皇帝时，因为**失火**，匾额被烧了，嘉庆皇帝便命人又重新摹拓。

明光大正

现在悬挂着的本大爷我，就是那个时候摹拓的。

这么多皇帝，我都有点糊涂了。

 是时候让你们了解下大清朝的皇帝们了！

生命诚可贵，
爱情价更高。

我的在位时
间最长。

 努尔哈赤（天命）

皇太极（天聪）

福临（顺治）

yè
玄烨（康熙）

是朕让这块匾
身价百倍的！

有本事比谁
活得长啊！

比不过。

我也比不过。

yìn zhēn
胤禛（雍正）

弘历（乾隆）

yóng yǎn
颙琰（嘉庆）

mín
旻宁（道光）

我的小老婆你
们肯定熟。

我的老妈你
们肯定熟。

我的命最
苦了！

我对不起老
祖宗们啊！

zhǔ
奕詝（咸丰）

载淳（同治）

tián
载湉（光绪）

pǔ
溥仪（宣统）

牌匾先生，为什么雍正皇帝让您身价百倍了呢?

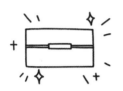

因为我的背后藏有一个非常非常重要的匣子。这是一个决定太子命运的"建储匣"。

这个，我们还得从大名鼎鼎的康熙皇帝说起。康熙皇帝生了 **35** 个儿子，皇位究竟该传给哪个皇子呢?

A. 老大　　B. 老二　　C. 老三

D. 老四　　　　　　F. 老六

G. 老七　　　　　　I. 老九

J. 老十　　　　　　L. 十二

这个我知道，早在周朝，统治者就想出由嫡长子来继承皇位的办法了啊。

但是大清是少数民族建立的政权，他们不实行汉族皇帝的传统立长制，自己也没有明确的立储制度。

雄才大略、果敢坚毅的康熙皇帝，在继承者的问题上却成了个优柔寡断、举棋不定的人。

啊啊啊，我有选择困难症！

皇子们为了争夺至高无上的权力，明争暗斗，骨肉相残，上演了历史上非常著名的

"九子夺嫡"。

清朝第一家庭打斗现场

成功

失败

在这场惊心动魄的夺嫡斗争中，皇四子胤禛终于杀出了重围，独占鳌头，他就是后来的雍正皇帝。

偷偷写

雍正皇帝为了避免这种悲剧的再现，采取了秘密建储的办法。皇帝生前不再公开立皇太子，而将皇位继承人的名字秘密写在纸上。

诏书**一式两份**，分别保存：

一份放在皇帝身边，一份封存在"建储匣"内，放到"正大光明"牌匾的后面。

可能在这里！

肯定在这里！

等到皇帝死了，就由大臣们共同取下匣子，和皇帝藏在身边的那份遗诏相**对照**，验证无误就可继位。

怎么样？对不对？

乾隆皇帝就是在这种秘密建储制度下第一个继位的皇帝。之后的嘉庆、道光、咸丰三位皇帝也都是按此制度登上天子宝座的。

那再后面的几位皇帝呢？这个制度又废除了吗？

制度倒没有废除，只不过清朝后期，皇帝生儿子的本事越来越差，后来甚至还得抱养近亲的孩子来继承皇位，所以这种秘密立储的制度已经没有存在的意义了。

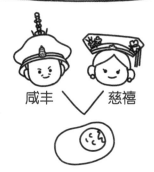

咸丰　慈禧

同治　光绪

咸丰皇帝只有一个儿子，就是慈禧给他生的同治皇帝，而同治和光绪皇帝连个儿子都没有。

你以为我想啊！

您计划生育政策贯彻得太到位了！

计生委工作人员　咸丰

小小博士

我们已经知道了清朝的皇帝不是住在乾清宫就是住在养心殿，而皇后住在坤宁宫，那皇帝的妃子们又住在哪里呢？在乾清宫和坤宁宫的两侧排列着东、西六宫，这里就是皇帝的妃子们居住、休息的地方了。东六宫有：景仁宫、承乾宫、钟粹宫、景阳宫、永和宫、延禧宫；西六宫有：永寿宫、翊坤宫、储秀宫、咸福宫、长春宫、启祥宫。慈禧太后当年选秀入宫，就是住在储秀宫。

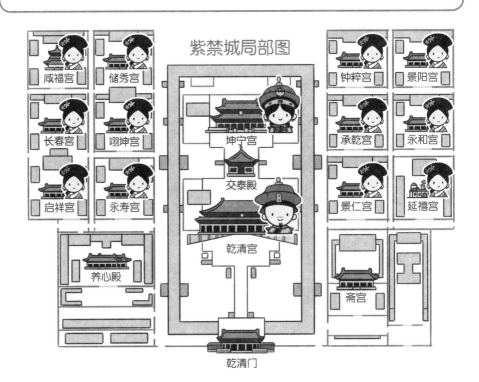

紫禁城局部图

咸福宫　储秀宫　　　　　　钟粹宫　景阳宫
长春宫　翊坤宫　　坤宁宫　　承乾宫　永和宫
启祥宫　永寿宫　　交泰殿　　景仁宫　延禧宫
　　　　　　　　　乾清宫
养心殿　　　　　　　　　　　斋宫
　　　　　　　乾清门

哈哈剧场

之

「乘车」

文物日志

星期 ____

第三站

jiǔ　lóng　bì

九　龙　壁

个人档案

姓　　名：九龙壁

年　　龄：200 多岁

血　　型：琉璃与玉石混合型

职　　业：影壁

出生日期：清朝

出　生　地：紫禁城

现居住地：故宫博物院

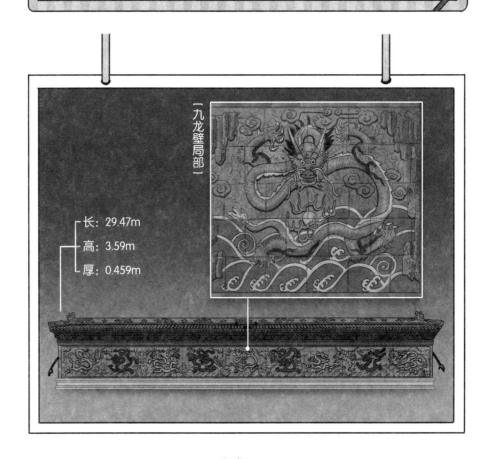

［九龙壁局部］

长：29.47m

高：3.59m

厚：0.459m

爷爷说，乾隆皇帝在紫禁城里造了一个九龙壁，上面有许多张牙舞爪的飞龙，条条神气活现，特别精美。听说这位九龙壁先生还是紫禁城里著名的数学家，做起算术来溜溜的，我好想跟他决一高下呀！

九龙壁在哪里呢？地图上指示的地方好像就是在这附近呀！

您说呢？我这人肉脑袋跟您这石头墙壁相撞可不就是鸡蛋碰石头嘛！

小朋友，脑袋撞疼没？

您说您这么大个块头挡在道上干吗？

我这可不叫挡道。

在我们中国的传统建筑理念中，不喜欢让人一眼就能望到居所的客厅或者卧室，所以修建房屋时，常常会在大门前造一堵用于遮挡视线的墙，

这称为 **影壁**，也叫 **照壁**。

小满，你抱着个扫把干吗？

这叫犹抱琵琶半遮面。

还不好好做值日！

我就是影壁，名字叫作九龙壁。

原来您就是大名鼎鼎的九龙壁先生呀！

紫禁城的影壁可不止九龙壁这一座，东西六宫的宫殿庭院里都建有影壁，有的是**木头**做的，有的是**石头**雕的，也有的是**琉璃**做的。

大家早！

木兄，琉璃兄，早上好！

石兄早啊！

影壁上还装饰着各种寓意吉祥的雕刻图案，漂亮极了。

哇，九龙壁先生，您身上的龙在阳光下会闪闪发光呢，好像马上就要腾云驾雾一般。

小满，你在画龙点睛吗？

我在给龙画眼影。

这黑乎乎的算啥？

这是最新潮的烟熏妆！

因为这些龙都是用琉璃烧制的，所以看着流光溢彩、变幻瑰丽。再配上山石云海的背景，就显得更为逼真了。

来，跟我一起上天入地，畅游四海。

九龙壁上有 9 条大龙，正中间是一条黄色的大龙，双目炯炯有神，威风凛凛，象征尊贵无比的天子。黄龙的左右两侧各有蓝色和白色的两条大龙，正在追逐火焰宝珠。最外侧左右两边都有一黄一紫两条大龙，动感十足，风姿雄健。

我们是称霸天宫、踏平海底的九大天王！

这 9 条大龙都是以**高浮雕**的手法制作而成的，最高部位高出壁面 **20** 厘米，形成很强的立体感，看上去活灵活现的。

哇，也画得太逼真了吧！

这眼神！怪不得要戴眼镜。

惟妙惟肖，这些匠人们可真了不起啊！

我们是九龙壁的制作者，我们为工匠精神代言！

的确，琉璃的烧制要求很高，而且这里的每块琉璃都是独一无二的，花费了工匠们无数的心血。

说起九龙壁的制作过程，还有个小故事呢。

据说当时琉璃砖已经全部烧制完成，工程也进入到了组合安装的最后阶段。

可没想到有一块琉璃砖在搬运的时候被不小心摔碎了。

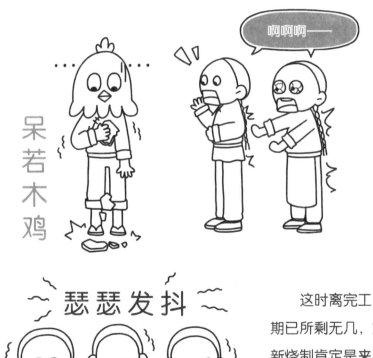

呆若木鸡

瑟瑟发抖

这时离完工日期已所剩无几，重新烧制肯定是来不及了，耽误工期也是死罪一条。

正在这千钧一发之际，一位聪明的工匠想出了一个冒险的主意。他用一块上好的**楠木**依照破碎琉璃砖的图样进行雕刻，并刷上了**油漆**以假乱真。

真是一个小机灵！

工程验收那日，**乾隆皇帝**带着大臣如期前来，对气势磅礴、栩栩如生的九龙壁赞不绝口，根本就没发现工匠的小秘密。这位聪明的工匠**移花接木**，成功化解了这场危机。

皇帝也老眼昏花了吧？！

渡劫成功！

我大清的能工巧匠做得好！

你能看出哪块是假冒的琉璃砖吗？

找不到啊!

就在这里!

扫描失败

200 多年过去了,如今九龙壁上这条琉璃龙肚子上的白漆早就已经剥落,显露出木头本来的面目,好像在将当年那段惊险的往事跟大家娓娓道来。

左数第三条龙的下部

???

可是……为什么这块照壁上要设计 9 条龙呢?

又为什么要用石头隔成 5 个空间呢?

我是分隔符。

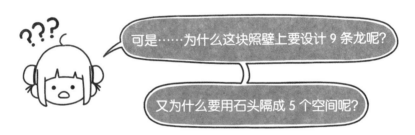

因为"**九**"和"**五**"在古代有着特殊的意义。

我俩最高！

中国古代把数字分为阳数和阴数，1、3、5、7、9这些奇数为阳，0、2、4、6、8这些偶数为阴。阳数中九为最高，五刚好居正中。

所以就以"九"和"五"象征帝王的权威，帝王也被称为

"九五之尊"。

你往上看，看看我的正脊，上面也装饰着9条小龙呢；往下看看檐下斗拱之间，用了九五45块龙纹垫拱板；你再数数我的壁面，一共有270块，也是九五的倍数呢。

我们在这里！

$5 \times 9 = 45$

$$45 \overline{)270}$$

垫拱板

不仅是在九龙壁上，象征着高贵的"九"和"五"两个数字，在皇帝的**服饰**、住的**宫殿**上都有所体现。

比如皇帝的衣服——**龙袍**。

皇帝穿的袍子叫龙袍。清朝皇帝的龙袍上就绣着**九条金龙**：胸前、背后各一条，左右两肩各一条，前后膝盖处各二条，还有一条绣在衣襟里面，一般不大容易看到。因为两肩上的龙前后都能看到，所以无论从正面看还是从背面看，看到的都是五条龙，与"九五"正好吻合。

比如皇帝的寝宫——**乾清宫**。

宽 5 开间

长 9 开间

请问这里有多少开间？

乾清宫的屋脊上还有一排小兽。领头的是骑凤仙人，

骑凤仙人后面就跟着 9 个小瑞兽。

骑凤仙人　龙　凤　狮子　海马　天马　押鱼_{yā}　狻猊_{suān ní}　獬豸_{xiè zhì}　斗牛

小小博士

说起九龙壁，除了紫禁城里的这一座，还有两座同样声名远播的彩色琉璃九龙壁。

一座在北京的北海，非常华丽精美。它由彩色琉璃砖砌成，正反两面各有九条红黄蓝白青绿紫七色的大龙。

另一座在山西大同市内，是现存规模最大的一座龙壁。原来是明太祖朱元璋的第十三子代王朱桂府前的一座照壁，壁上雕有九条七彩云龙，这些龙腾云拨雾，栩栩如生。

九龙壁是中国明清时期的珍贵建筑，无不彰显着皇家建筑的富丽堂皇。

哈哈剧场

之

「拼图」

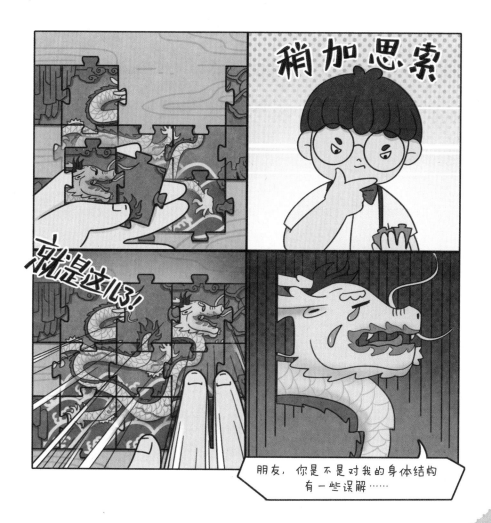

文物日志

星期 _____

第四站

tài hé diàn wū jǐ shang
太和殿屋脊上
de shén shòu
的神兽

个人档案

姓　　名: 太和殿屋脊上的神兽

年　　龄: 500 多岁

血　　型: 琉璃型

职　　业: 守护神

出生日期: 明朝

出　生　地: 紫禁城

现居住地: 故宫博物院

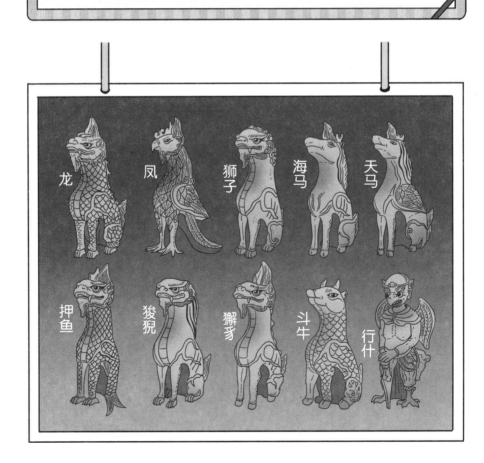

龙　凤　狮子　海马　天马

押鱼　狻猊　獬豸　斗牛　行什

　　乾清宫屋脊上的那排小兽太有意思了，个个踢着正步，威风凛凛的。不但长相各不相同，名字还相当霸气。对了，尤其那个叫"斗牛"的，"斗牛"不是在西班牙吗？跑到中国故宫来干吗啊？

立正，向左向右看齐。

别把我落下啊——

挤进来

你是谁啊？

你又是谁啊？

安静！开始报数！

怎么多了一个？

咦，怎么多了一个？

报告老师，刚才在九龙壁先生那儿见到你们排着队走过，我好奇就跟了上来。

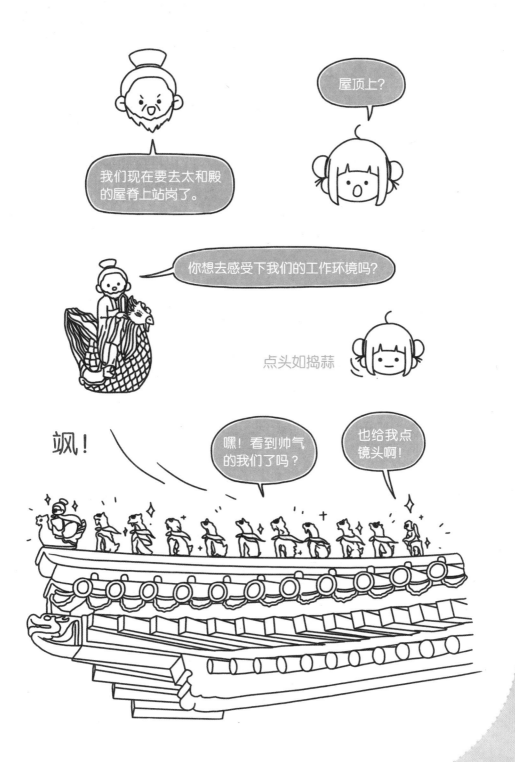

中国的古建筑物一般有<u>五条脊</u>，

一条**正脊**和四条**垂脊**。

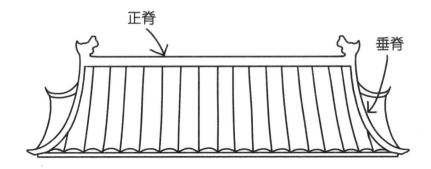

正脊

垂脊

古人喜欢在垂脊上装饰很多小动物，他们管这些小动物叫作**垂脊兽**。到了清代，形成了常见的以"仙人骑凤"领头的小动物队列形态。

哇，这工作也太适合耍帅了吧！

屋顶上最靓的仔就是我！

小满，我的手好酸。

不过，话说回来，到底是什么工作需要站在高高的屋顶上呢？

暂且称为古代保安吧！

保安？

现代保安

骑凤仙人

你们的安危，由我们来守护！

古人在屋脊上放置各类"仙人走兽"，以盼望得到他们的**帮助**，驱邪、避灾、保佑家宅的平安。

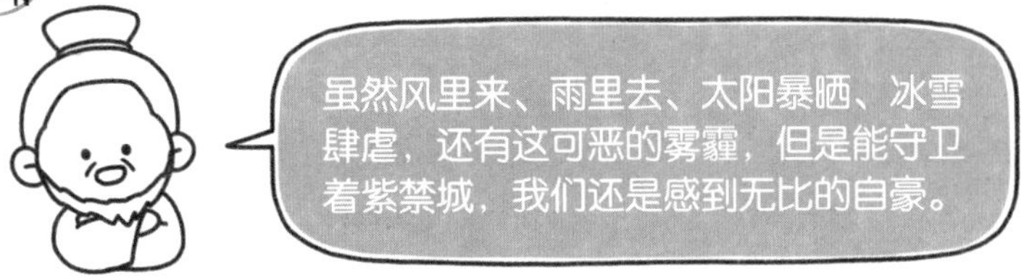
虽然风里来、雨里去、太阳暴晒、冰雪肆虐，还有这可恶的雾霾，但是能守卫着紫禁城，我们还是感到无比的自豪。

呜呜呜，早上刚吹好的发型啊！
冷冷的冰雨在脸上胡乱地拍。
我和烤肉只差一把孜然。
谁给我围条围巾吧！

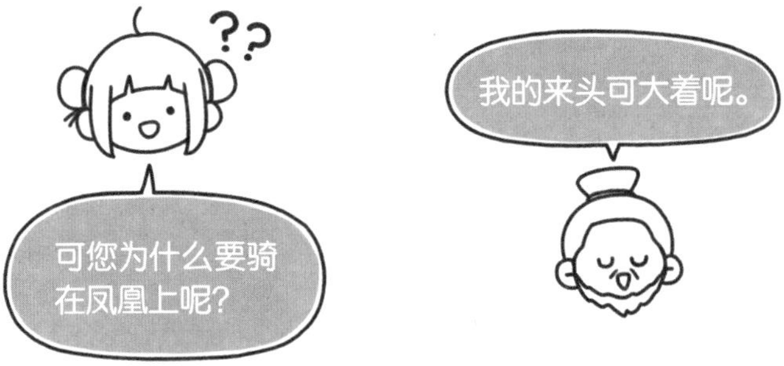
??
可您为什么要骑在凤凰上呢？
我的来头可大着呢。

他是齐国的君主，

大家学过成语 "滥竽充数" 吧，里面那个喜欢独奏，让南郭先生卷铺盖走人的君主就是他了。

但是这位君主听信奸臣的谗言，结果被敌人打得落花流水，逃命途中差点被敌兵追上一命呜呼。

传说幸好这时有只凤凰路过，他乘着凤凰渡过大河，绝处逢生。所以"仙人骑凤"就有"逢凶化吉"的寓意。

小满，介绍你认识一下其他的小伙伴们吧。

我们是大家的老朋友了，紫禁城里到处都能看到我们。

龙　凤　狮

嘲风

我是龙的三儿子。我能威慑妖魔、清除灾祸，象征着祥瑞和威严。

我是神鸟，尊贵无比，象征着富贵吉祥。

我称霸百兽，象征着威震四海。

西　北

南　东

我掌管海。

海里 来里

我掌管天。

我们是古代神话中的吉祥二宝。

yā
押軍

我是海里的灵兽。

兴云作雨、灭火防灾这些事对我来说，都是小意思。

你们可以把我当成消防员。

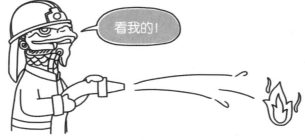

看我的！

我是龙的第五个儿子。

本人是个大宅男，最喜欢吞烟吐雾了。

故宫里的香炉就是由我驮着的。

兄弟，接个香烟广告呗!

suān

ní

不接，吸烟有害身体健康!

xiè

zhì

我的智商超高。

超级学霸说的就是我。

我有双火眼金睛，能明辨是非。

一旦发现坏人，就用角把他顶倒，吃进肚子!

啊啊，我们错了! 不要吃我们!

恶

奸

我要开动了!

那最后赶来的这位是谁呀？皇帝住的乾清宫的屋脊上，骑凤仙人身后只有九个神兽，没有见过你呀！

在乾清宫你当然见不着我啦！我可不是呆在乾清宫的。你要想见我，只有在一个地方才可以找到我！

我叫行什，排行第十。

我长得像猴子，背上还有对翅膀。

唯一能见到我的地方，就是故宫里的太和殿。

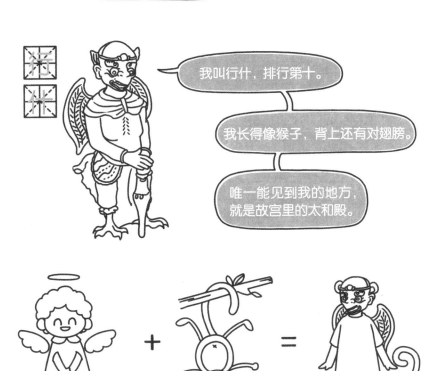

天使 + 猴子 = ?

哇，你这么大牌的啊！

这可不怪我！

建筑物上脊兽的数目有着严格的规定，

根据**建筑等级**的不同，脊兽的个数也不同。

故宫里级别最高的建筑就是太和殿，仙人后面排着 10 个脊兽，代表着天子至高无上的地位。再往下就是皇帝居住的乾清宫，有 9 个脊兽，"九"可是皇帝独享的数字，是九五之尊的象征；**坤宁宫**是皇后的寝宫，用 7 个；妃嫔居住的东西六宫，用 5 个；某些配殿，就只用 3 个甚至 1 个了。

脊兽就从最末的行什开始依次往前递减。

民间还有首**歌谣**用来记脊兽呢！

一龙二凤三狮子，海马天马六押鱼，狻猊獬豸九斗牛，最后行什像个猴。

小小博士

在紫禁城里，除了至高无上的太和殿能享有 10 个脊兽，就属皇帝使用、居住的宫殿次之了，比如保和殿和乾清宫的屋脊上都有 9 个脊兽。但是还有个宫殿，它的屋脊上也破天荒地站了 9 个脊兽，那便是慈宁宫了。

慈宁宫是皇太后，也就是皇帝的母亲居住的地方。清朝前期，鼎鼎大名的孝庄文皇后就住在这里。孝庄文皇后就是顺治皇帝的生母，康熙皇帝的祖母。不过当时慈宁宫的屋脊上只有 7 个脊兽。后来孝圣宪皇后，也就是乾隆皇帝的母亲也住进了这里，为此，乾隆皇帝派人将宫殿重新修整了一番，将单檐改成了重檐，并且在原屋脊上又加了两个脊兽，就变成了我们现在看到的 9 个，以此来彰显皇太后的尊贵无比。

都配合一下往前挤挤哈，前面还有空位。

给妈妈的礼物

哈哈剧场

之

「看风景」

文物日志

星期 ＿＿＿＿

第五站

qīng　míng　shàng　hé　tú

清　明　上　河　图

个人档案

姓　　名：清明上河图

年　　龄：900多岁

血　　型：绢型

职　　业：书画

出生日期：北宋

出　生　地：河南省开封市

现居住地：故宫博物院

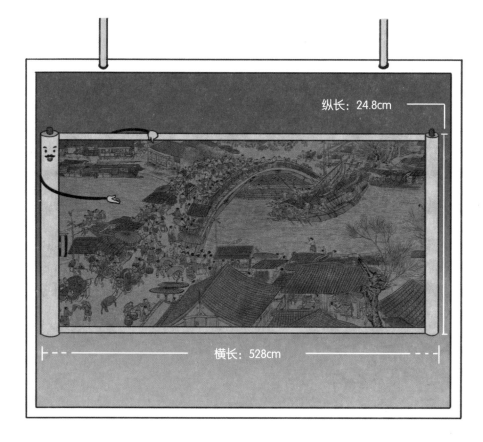

纵长：24.8cm

横长：528cm

星期六 多云 ☁

爷爷说《清明上河图》就像是一架全景照相机，把一座城市的人物、风景都拍了下来，让我们看到了北宋人真实的生活百态，既生动又有趣。

 这到底是怎样的一位画家，能创作出《清明上河图》这么伟大的作品呢？

他的眼睛大概比照相机还厉害。

他一定有个超级无敌大的脑袋，能装下这么多的风景。

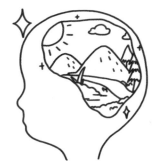

他的手简直就是人肉复印机。

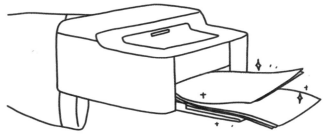

就是这位牛人！

夸得我都不好意思了呢。

张择端

真是不敢想象，一人一笔就能变出这么多人，这么多车，这么多船，这么多店，关键还有这么多好吃的……

汴京TV

不要998！不要668！68让你带回家！

特卖 张择端牌神笔，考试一路助你！只要买了这

汴京日报

一笔在手，
考遍神州！

张择端笔下画出的可是北宋全盛时期的都城汴京——当时的政治经济文化中心，超一流的国际化大都市，车水马龙，热闹非凡都不足以形容它。

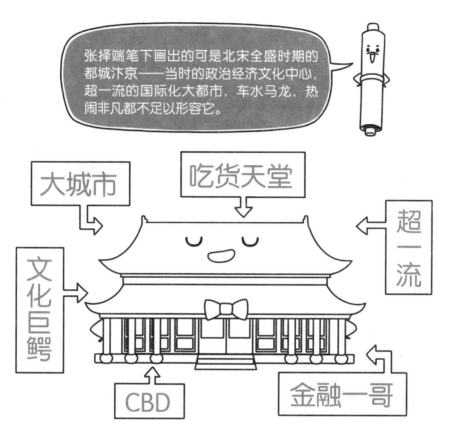

大城市

吃货天堂

超一流

文化巨鳄

CBD

金融一哥

汴京宝宝

梁

魏

晋

周

汉

汴京就是现在的河南开封市。早在战国时代，魏国的都城就建在这里，当时叫作大梁。五代时期的后梁、后晋、后汉、后周也都在这里建都。经过这么多年的建设，汴京城当然是一派繁华富庶的景象。

呃……先生您这么长，我都不知道从哪里开始看了！

来来来，我教你！

画面是**从右至左**展开的，得去右边那头看。

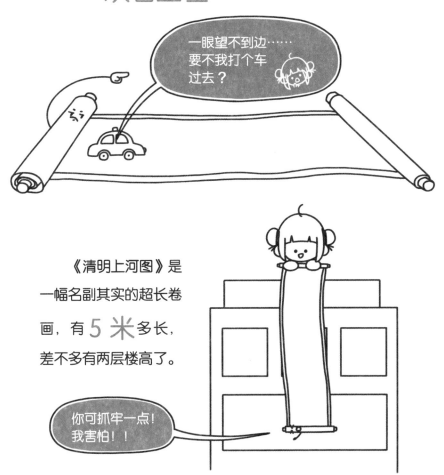

一眼望不到边……
要不我打个车
过去？

《清明上河图》是一幅名副其实的超长卷画，有 **5 米**多长，差不多有两层楼高了。

你可抓牢一点！
我害怕！！

其实我是一部生动的连续剧，有上中下三集。

《清明上河图》

导演/编剧：张择端
演员：宋人

剧本 ----→

第一集 主要展现了**市郊**的景色，也就是你们现在说的城乡结合部的风光。

开始了！开始了！

第一集
美丽的汴京市郊

开发一下农家乐应该不错！

汴京城外的农村有一望无垠的田野，有纵横交错的河道，岸边有粗壮的树木，还有农家小院。

有一队拖着木炭的小毛驴正朝着小桥方向行进。

咦，这里有顶轿子呀！好奇怪，轿子上怎么插满了枝条呢？这队人是要去干吗呢？

根据推测，他们应该是出城扫墓归来，估计顺路还春游了一番。

你们的这些推测都得靠我留下的大作来验证！

东京梦华录

孟元老

《东京梦华录》记录了北宋都城东京（也就是汴京）的城市**风俗人情**。书里面提到，宋朝人在清明时节有用杨柳、杂花装饰轿子的习俗。

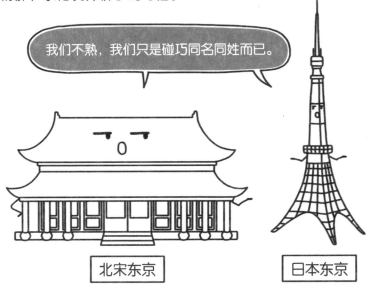

我们不熟，我们只是碰巧同名同姓而已。

北宋东京

日本东京

第二集 的主角就是这座 **"虹桥"** 了，你看，桥上都是熙熙攘攘的行人，还有优美的汴河两岸风光。

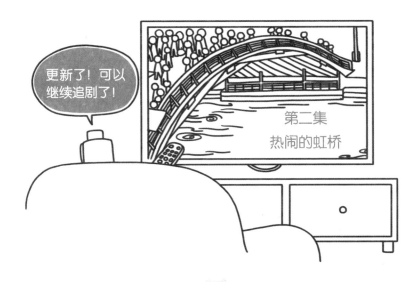

更新了！可以继续追剧了！

第二集
热闹的虹桥

虹桥是全图的**中心**，也是全图中出镜人物最多、场景最热闹、剧情最精彩的一处。

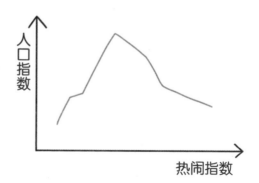

虹桥横跨的这条河叫汴河。汴河是北宋时期全国重要的交通要道，粮食、盐、木炭，还有许多其他货品都是通过河道运输的。

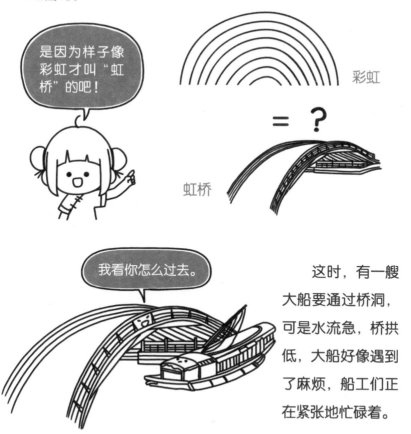

是因为样子像彩虹才叫"虹桥"的吧！

彩虹

= ？

虹桥

我看你怎么过去。

这时，有一艘大船要通过桥洞，可是水流急，桥拱低，大船好像遇到了麻烦，船工们正在紧张地忙碌着。

他们有的正在用力撑竹竿；有的用长竿顶住桥梁；有的忙着放下高高的桅杆；有的在大声呼喊其他的船只注意安全；还有的在桥顶上往下抛着绳索。

人们都围过来看热闹，有人指手画脚出主意，有人着急干瞪眼，大家都为大船捏了一把汗。

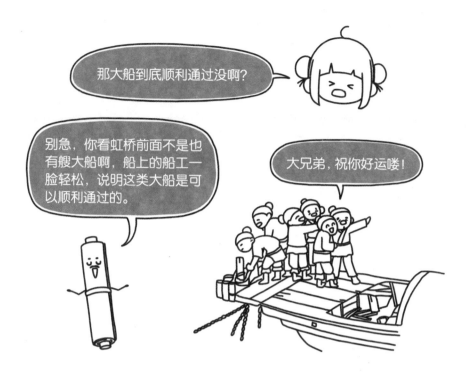

再来看看桥头。有许多小商贩在这儿搭了竹棚，支起遮阳伞，摆上小摊：有卖各种小吃的，卖日用杂货的，卖剪刀工具的。有人大声吆喝招揽生意，有人讨价还价正在打口水仗，还有一言不合就抬杠互怼的。

汴河**两边**更是热闹非凡。

王家纸马店

清明节大家要扫墓怀念已逝的亲人，这些纸人、纸马、纸扎的楼阁都是扫墓用的祭品。

脚店

脚店是啥？洗脚？卖鞋？难道是卖卤鹅掌的？！

?!

难题解答特派员

不好意思，我又来了！

根据《东京梦华录》的记载，汴京城的餐饮店中，规模比较小的，做些零卖生意的称为"**脚店**"；而规模比较大的，官方直属的称为"**正店**"。

大概就是小餐馆和大酒店的区别。

"饮子"又是个啥?

饮子是凉茶一类的饮料,是用中草药煎熬出来的。

润喉解渴
居家必备

第三集 是城市里的街景重现,
商店鳞次栉比、行人摩肩接踵,车马络绎不绝。

哇,主角是要进城了吗?

第三集
繁华的都市

第三集的一开始，出现了整幅图中最大最高的建筑——

城门楼。

哇，街上的人可真多啊！

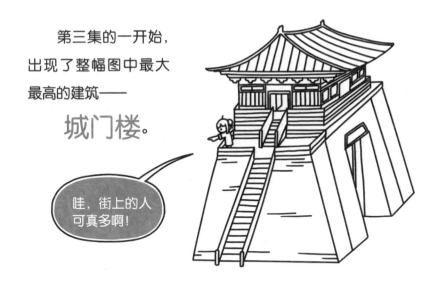

古 今 人 物 图 鉴

大宋 VS 现代

官 吏

公务员

是。

仆 人

保 姆

来买！

商 贩

商 人

快上车！

车轿夫

司 机

运货郎　快递小哥

作坊工人　手艺工人

说书艺人　娱乐明星

理发匠　美发师

托尼老师，你在干吗？居然直接用刀刮脸！

我在给客人修面！

修车师傅　4S店店员

郎中　医生

轿子

现在可是旅游景区的
特色项目了!

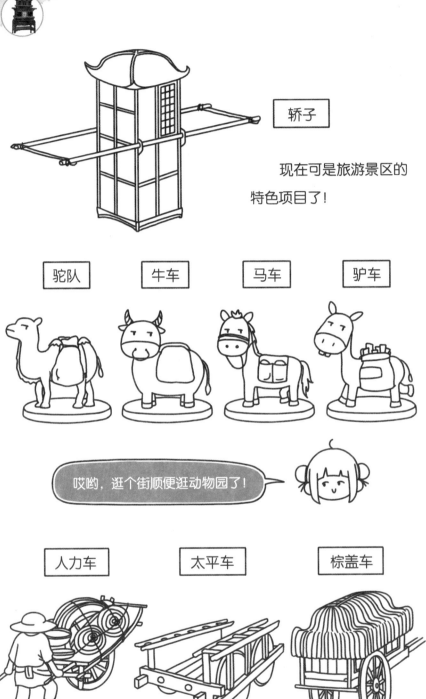

驼队　　　牛车　　　马车　　　驴车

哎哟，逛个街顺便逛动物园了!

人力车　　　太平车　　　棕盖车

小满，看完了三集连续剧感觉怎么样呀？好看吗？

第三集　第二集　第一集

900多年前的汴京城真是让我大开眼界，现在我只想做一件事。

王牌导游夏小满

来来来，跟紧了！这边走！让我带您汴京一日游！

专业！
负责！
不坑不骗！

故宫博物院

小小博士

　　《清明上河图》，作为中国十大传世名画之一，研究它有助于我们更好地了解宋朝的风俗民情。可是这么伟大的作品似乎并没有得到那位酷爱绘画的顶级文青宋徽宗的喜欢。他曾经命人搞了个宣和画谱，收录了当时许多幅名画，唯独没有《清明上河图》。后来干脆将此画转手送给了他舅舅，可见这画在宋徽宗眼里，只能算个小玩意儿。宋徽宗真正的心肝宝贝，是一位天才少年的大作——《千里江山图》，他后来把这幅挚爱的宝贝送给了自己的知音，当时的顶级书法家，也是历史上著名的大贪官，宋朝的大蛀虫—— 蔡京。

哈哈剧场

之

「日食」

文物日志

星期 _____

第六站

hēi qī cǎi huì lóu gé

| 黑 | 漆 | 彩 | 绘 | 楼 | 阁 |

qún xiān zhù shòu zhōng

| 群 | 仙 | 祝 | 寿 | 钟 |

个人档案

姓　　名：黑漆彩绘楼阁群仙祝寿钟

年　　龄：200多岁

血　　型：黑漆、木质与金属混合型

职　　业：钟表

出生日期：清朝

出　生　地：紫禁城

现居住地：故宫博物院

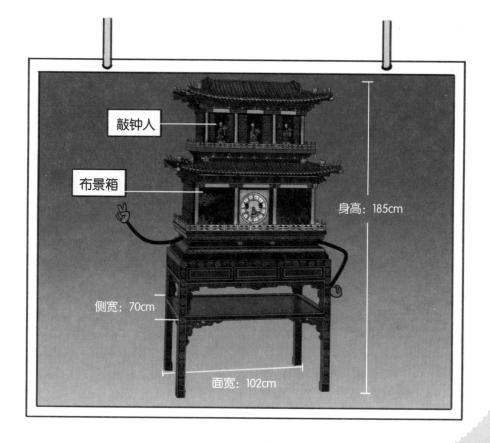

敲钟人

布景箱

身高：185cm

侧宽：70cm

面宽：102cm

4/14 星期日　　　　　　　　　　　　　　　　　晴

　　我要去钟表馆拜访故宫钟表界的大哥大——黑漆彩绘楼阁群仙祝寿钟大哥。这位大哥您没事取个这么拗口的名字干啥，据说这个钟表里一共有7套机械系统，他们完美地配合运作，过了这么多年都还能精准地报时呢。

终于找到钟表馆了！

我的妈呀！这哪里是钟表，这分明是一座小山啊！

老祖宗，我是您的后代。

哪里来的发育不良的小毛孩？

钟表界的体格担当

老兄，作为一座钟，您的块头也太太太大了吧。

我可不单负责报时，我还是精美的摆件，更是乾隆皇帝钟爱的大玩具。

迷你手办

我好喜欢这个玩具！

明朝和清朝的皇帝们都很喜欢自鸣钟。

公元 1602 年，有一位特殊的客人拜访了明朝的万历皇帝，

他就是著名的意大利传教士利玛窦。

利玛窦带了 **2件** 见面礼来觐见，万历皇帝见了礼物，

狂喜不已。

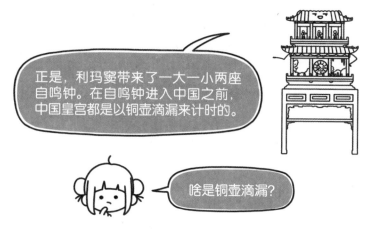

正是，利玛窦带来了一大一小两座自鸣钟。在自鸣钟进入中国之前，中国皇宫都是以铜壶滴漏来计时的。

啥是铜壶滴漏？

上层水壶里的水滴到下层水壶中，一层一层往下，到最后一个水壶，随着水壶中水面的上升，木浮箭也跟着慢慢升起来，再根据浮标上指示的**刻度**来读取时间。

哈哈哈，好玩！

← 木浮箭

铜尺

清朝的顺治皇帝、康熙皇帝，还有乾隆皇帝也都非常喜欢自鸣钟。

难道爱好也会遗传？

这些皇帝里最**痴迷**钟表的要数乾隆了。

他除了一掷千金购买西洋钟表，

还在宫中亲自指挥**制作**。

老板，有些贵。

我乾隆的字典里还没有贵这个字！

大清工匠精神代言人！

特级钟表大师——乾隆

现在故宫博物院钟表馆里收藏的很大一部分都是这位皇帝不遗余力收集、制造的奇钟异表。

厉害的是，这些钟表不但能精确**报时**，还有很多**小机关**呢。比如能通过机械装置让日月星辰、车马行人都动起来，还能让花儿盛开、鸟儿鸣叫。

要是这股聪明劲用到国家建设上，后来还会被人群殴？

英 法 德 清

钟大哥，您也是出生在乾隆年间吗？

没错，我也是诞生在乾隆年间，花费了工匠们五年多的时间才最终制作完成呢。

黑漆彩绘楼阁群仙祝寿钟的造型为**二层楼阁**。

阁楼一层正中是

一个双针时钟，

钟盘上写有"乾隆年制"的字样，还配有黄色的珐琅。

咦，您身上钟盘旁边的两个小房间是干吗的呢？

这两个小房间就像两个戏台，各自有精彩的大戏上演。

坐 等 开 戏

左边房间 表演

的内容是

"海屋添筹"。

海屋添筹 2 1
DATE 4.14
×××× ××

年度大戏正式
开演，打板！

传说在蓬莱仙岛上有三位仙人，

有一天，他们聊着聊着就互相比起了谁更 长寿。

其中一位
仙人说他小时
候和开天辟地
的盘古大人是
朋友。

好朋友，一起走！

盘古

昆仑山　桃核山

另一位老者笑
眯眯地说道："我
吃完蟠桃，把吐出
来的桃核随手丢在
昆仑山下，桃核现
在已经堆得跟昆仑
山一样高了！"

第三位老者则不急不慢地说道："每当我看到人间的沧海变为桑田，我就用一块竹片做记号，现在攒起来的竹片已经装满十间屋子了。"

这就是所谓的"海屋添筹"了。也不知这三位老者真是

超级神仙，还是**牛皮大王**，反正"海屋添筹"的典故就这样流传下来了。

超级神仙、牛皮大王，傻傻分不清楚。

右边房间 表演的内容是 "群仙祝寿"。

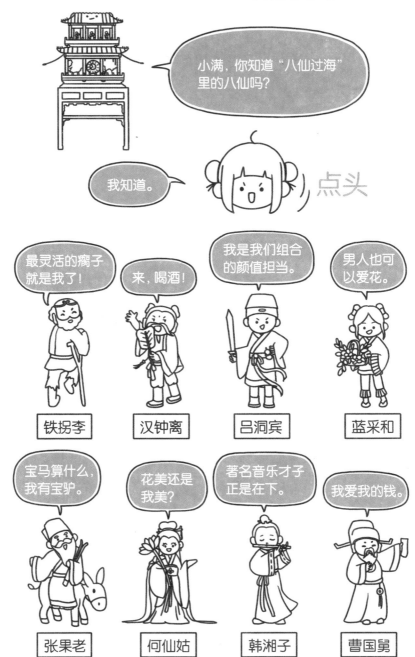

右边房间上演的正是

八位仙人依次给**寿星**敬献宝物的场面呢！

阁楼的二层有**3**间房屋，里面各有一位报时的人。

拜托发挥一下想象力好吗？谁没事拿个碗，你以为我们是乞丐吗？

这是用来敲出响声报时的。

每逢 3、6、9、12 时，

房门就会自动开启，报时人就走到门外。

老二敲钟碗发出 "叮" 的声音，老三就跟着敲钟碗

发出 "当" 声，"叮当" 声响一次就表示一刻钟过去了。

等他们敲了四次"叮当"，也就是满一个小时后，老大出来

敲钟碗报时。

我们是——叮当交响乐团。

等报时完毕，就会有乐曲响起，第一层景箱内的活动装置开始运作。左景箱内就开始上演"海屋添筹"，右景箱上演"群仙祝寿"。等乐曲结束，第二层的三个报时人就退回门内，楼门关闭，景箱内的各种活动装置复位。

再会！再会！

楼上的小伙伴们一小时后见啊！

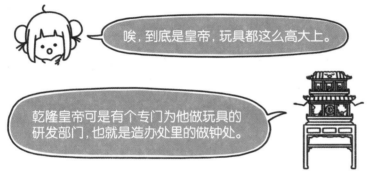

唉，到底是皇帝，玩具都这么高大上。

乾隆皇帝可是有个专门为他做玩具的研发部门，也就是造办处里的做钟处。

做钟处汇集了一批具有专业知识的洋人，这款祝寿钟就淋漓尽致地体现了他们高超的制造水平。洋技师的加盟也带动了中国钟表制造业的发展。

皇帝玩具研发处

小小博士

大家还记得用两座自鸣钟令万历皇帝兴奋不已的洋人利玛窦吗？这位利玛窦先生不但是位传教士，还是位热爱学习的好学生；不但是位热爱学习的好学生，还是个擅长教学的好老师。他到了中国之后就深深沉迷于古老灿烂的中华文明，开始认真研究中国文化，此外也顺带当起了外教，将西方的天文、数学、地理等先进科学技术知识传授给中国人。明代著名的科学家徐光启就是利玛窦的学生，他们一起合作翻译了《几何原本》的前六卷，将西方的经典著作介绍到中国，让更多的中国人来学习。

哈哈剧场

之「理想型」

文物日志

星期 _____

博物馆
通关小列车

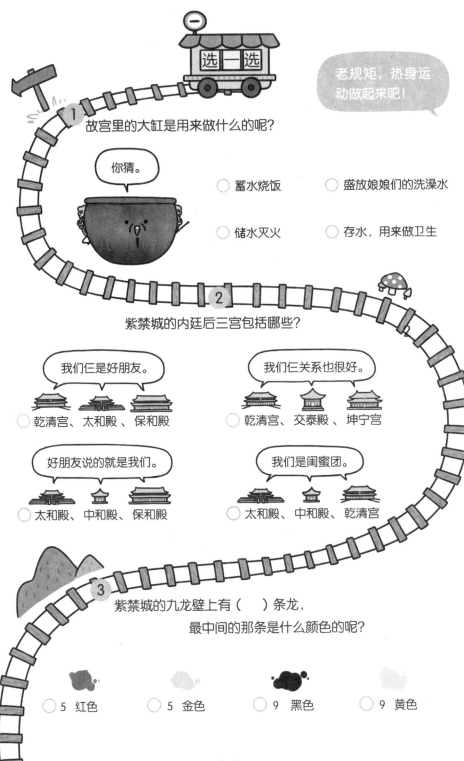

一

选一选

老规矩, 热身运动做起来吧!

1 故宫里的大缸是用来做什么的呢?

你猜。

○ 蓄水烧饭　　○ 盛放娘娘们的洗澡水

○ 储水灭火　　○ 存水, 用来做卫生

2 紫禁城的内廷后三宫包括哪些?

我们仨是好朋友。

○ 乾清宫、太和殿、保和殿

我们仨关系也很好。

○ 乾清宫、交泰殿、坤宁宫

好朋友说的就是我们。

○ 太和殿、中和殿、保和殿

我们是闺蜜团。

○ 太和殿、中和殿、乾清宫

3 紫禁城的九龙壁上有( )条龙,
最中间的那条是什么颜色的呢?

○ 5 红色　　○ 5 金色　　○ 9 黑色　　○ 9 黄色

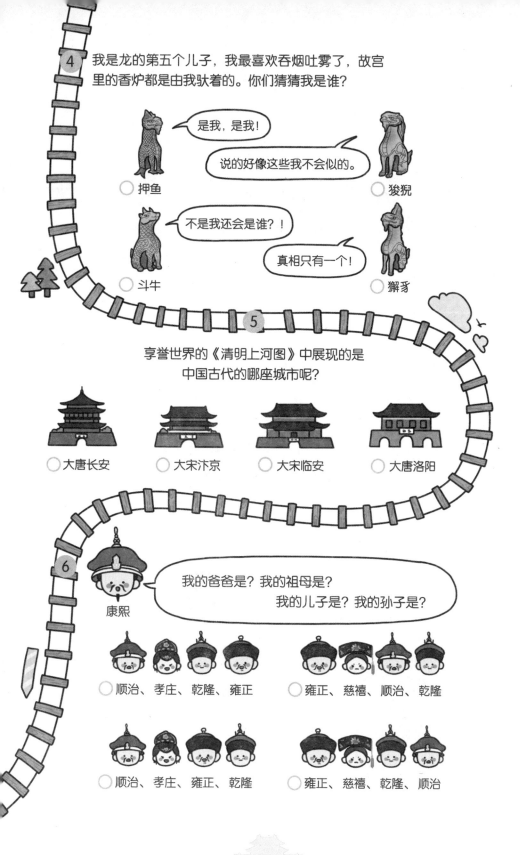

4 我是龙的第五个儿子，我最喜欢吞烟吐雾了，故宫里的香炉都是由我驮着的。你们猜猜我是谁？

是我，是我！

说的好像这些我不会似的。

○ 押鱼

○ 狻猊

不是我还会是谁？！

真相只有一个！

○ 斗牛

○ 獬豸

5 享誉世界的《清明上河图》中展现的是中国古代的哪座城市呢？

○ 大唐长安 ○ 大宋汴京 ○ 大宋临安 ○ 大唐洛阳

6 康熙

我的爸爸是？我的祖母是？
我的儿子是？我的孙子是？

○ 顺治、孝庄、乾隆、雍正 ○ 雍正、慈禧、顺治、乾隆

○ 顺治、孝庄、雍正、乾隆 ○ 雍正、慈禧、乾隆、顺治

清明上河图

你们知道全图中出镜人物最多、场景最热闹、剧情最精彩的是哪一处吗？

7

○ 城门　　○ 街市　　○ 虹桥　　○ 市郊

8 在自鸣钟进入中国之前，中国皇宫都是以什么来计时的呢？

一寸光阴一寸金啊！

○ 铁壶沙漏　　○ 石壶滴水

○ 木壶沙漏　　○ 铜壶滴漏

欢迎进入第二车厢！这些混淆视听的错误，你能一把抓出来吗？

判一判

在紫禁城后宫的东西长街上摆放着青铜缸和铜鎏金吉祥大缸。

1

黑漆彩绘楼阁群仙祝寿钟的一层阁楼的两个小房子里表演的是"海屋添筹"和"八仙过海"。

2

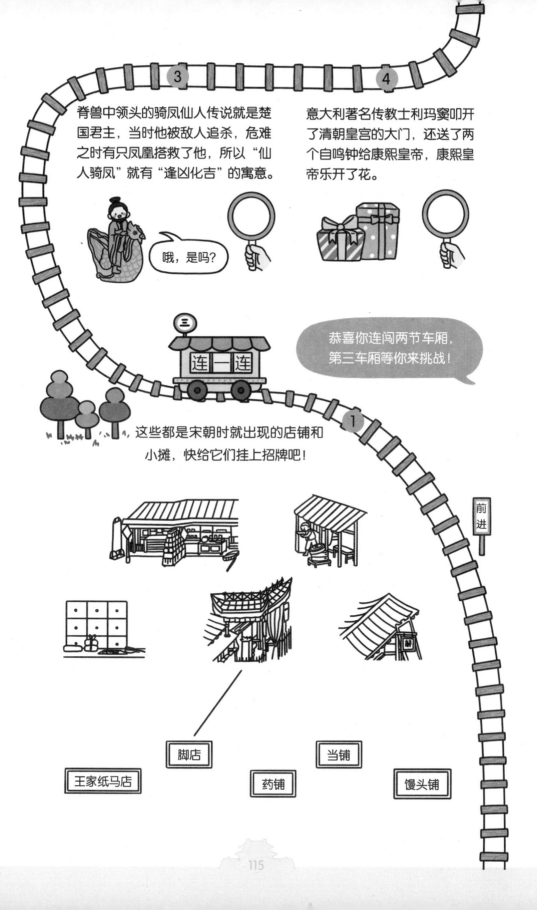

脊兽中领头的骑凤仙人传说就是楚国君主，当时他被敌人追杀，危难之时有只凤凰搭救了他，所以"仙人骑凤"就有"逢凶化吉"的寓意。

哦，是吗？

意大利著名传教士利玛窦叩开了清朝皇宫的大门，还送了两个自鸣钟给康熙皇帝，康熙皇帝乐开了花。

连一连

恭喜你连闯两节车厢，第三车厢等你来挑战！

这些都是宋朝时就出现的店铺和小摊，快给它们挂上招牌吧！

前进

脚店

当铺

王家纸马店

药铺

馒头铺

不同的宫殿，拥有的脊兽个数也不同，你来帮工匠连一连吧！

该装几个呢？

乾清宫

太和殿

坤宁宫

东西六宫

⑦

⑤

⑩

⑨

填一填

进入了高难度的第四车厢，相信你一定行！

请你帮大清朝的皇帝们
按照在位的先后顺序坐上小火车吧！

①努尔哈赤　②道光皇帝　③顺治皇帝　④嘉庆皇帝　⑤雍正皇帝　⑥同治皇帝

⑦咸丰皇帝　⑧光绪皇帝　⑨康熙皇帝　⑩宣统皇帝　⑪乾隆皇帝　⑫皇太极

①

② 八仙过海中的八仙是哪八位呢？你还记得吗？

（　） （　） （　） （　）

（　） （　） （　） （　）

③ 小朋友，快来帮脊兽们排下队吧。

③

不要吵啦，快按顺序来排队！

①獬豸　②押鱼　③龙

④狮子　⑤凤　⑥天马　⑦斗牛　⑧狻猊　⑨行什　⑩海马

第五关了，擦亮你的眼睛吧！

我们有五处不同呢，快点 找出来吧！

 1

2

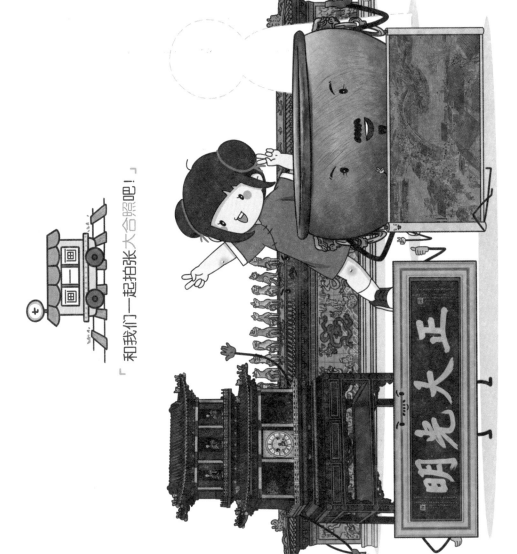

「和我们一起拍张大合照吧！」

我是答案

我是答案

一 选一选

1. 储水灭火　2. 乾清宫、交泰殿、坤宁宫

3. 9　黄色　4. 狻猊　5. 大宋汴京

6. 顺治、孝庄、雍正、乾隆　7. 虹桥

8. 铜壶滴漏

二 判一判

1. ×　2. ×　3. ×　4. ×

三 连一连

1. 　　2.

四 填一填

1. ① ⑫ ③ ⑨ ⑤ ⑪
　④ ② ⑦ ⑥ ⑧ ⑩

2. 铁拐李　韩湘子　何仙姑　吕洞宾
　蓝采和　曹国舅　汉钟离　张果老

3. ③ ⑤ ④ ⑩ ⑥
　② ⑧ ① ⑦ ⑨

五 找一找

1. 　　2.

六 想一想

龙飞凤舞　凤舞九天　天长地久　久别重逢　逢凶化吉

吉祥如意　意味深长　长年累月　闭月羞花

亲爱的小朋友，感谢你和博物馆通关小列车一起经历了一段美好的知识旅程。这些好玩又有趣的知识，你都掌握了吗？快去考考爸爸妈妈和你身边的朋友吧！

◆ 答对 8 题以上：真棒，你是博物馆小能手了！

◆ 答对 12 题以上：好厉害，"博物馆小达人"的称号送给你！

◆ 答对 15 题以上：太能干了，不愧为博物馆小专家！

◆ 全部答对：哇，你真是天才啊，中国考古界的明日之星！

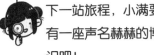 下一站旅程，小满要南下去另一座风姿绰约的古都——南京。那里也有一座声名赫赫的博物馆——南京博物院，让我们和她一起去见识见识吧！

博物馆
参观注意事项
▼

作者 杜莹

● 有着无限童心与爱心的"大儿童"

● 正儿八经学历史出身的插画师

● 在宁波工程学院主讲艺术史的高校教师

● 梦想做个把中华传统文化讲得生动有趣的"孩子王"